每天做一件你害怕不敢做的事

Do One Thing Every Day That Scares You

我是 ______________________

我要紀錄365天勇敢的自己。

「每天做一件害怕的事。」

"Do one thing every day that scares you."

這是前美國總統夫人愛蓮娜・羅斯福給自己的挑戰，由於她的人生轉折，她下定決心努力克服恐懼。年輕時，愛蓮娜內向膽怯，舉止笨拙，童年也不快樂。嫁給富蘭克林・羅斯福後，她頓時成為公眾人物，結果蛻變為勇敢無畏的人，不只深受國民愛戴，國際間對她也是讚譽有加。她積極參與社會活動，被眾人視為楷模，啟發了無數世人。

你有害怕的事嗎？你是不是不敢做某些運動，像是潛水、滑雪、溜冰、傳球？還是你的恐懼偏向心理層面？比如說，不敢在大家面前說話，不敢拒絕上司，不敢改變造型，開不了口要求加薪，不敢自己料理豆燜肉砂鍋，怕蛇、怕鏡子、怕牙醫，不敢跟陌生人講話，不敢參加狂歡派對或欣賞歌劇，不敢返校上課？

每個人能夠承擔的風險上限都不同，這條線上立著一道牆，劃定了我們的舒適圈範圍。你的舒適圈多大呢？列出你害怕的事物，可大可小，在接下來的一年好好寫這本勇敢日記，一年後，再列出你克服了哪些恐懼。只要一次一小步，規律地刻意練習，你會發現那道牆退後了，舒適圈擴大了。

你可以像寫傳統的日記一樣，依序完成這365頁；也可以隨意翻閱，看看哪則佳句最對當天的胃口。書頁上的日期欄是空白的，完全由你決定。

所以……就像蘇格蘭詩人羅伯特·伯恩斯說的：「今日便是關鍵之日，此刻即是最佳時刻。」每天做一件害怕的事，最後你可能不只改變了自己的世界，也改變了整個世界！

日期：__/__/__

我的恐懼清單：

日期：__/__/__

瞧瞧那烏龜，牠必須把頭伸出殼外，才能前進。

Behold the turtle. He makes progress only when he sticks his neck out.

化學家/詹姆斯・布萊恩特・科南特
James Bryant Conant

今天我不當縮頭烏龜，於是我……

______

______

______

日期：__/__/__

我是個作家，
生活舒適安全，
但安穩的生活也可以有
冒險犯難的精神，
因為所有大冒險
都始於內心。

I am a writer who came from a sheltered life. A sheltered life can be a daring life as well. For all serious daring starts from within.

小說家/尤多拉．韋爾蒂

Eudora Welty

今天我的內心充滿了無畏精神……

____

____

____

日期：__/__/__

今天我眼前有很多條路，比較難走的那條是……

日期：__/__/__

今天我眼前有很多條路，比較難走的那條是……

如果眼前
有兩條路，
選擇比較難走
的那條吧！

When two paths open before you, take the harder one.

日期：___/___/___

每次打贏比賽，對失敗的恐懼就會少一點，但人不可能完全不怕輸，所以只能不斷挑戰自己的恐懼。

Every time you win, it diminishes the fear a little bit. You never really cancel the fear of losing; you keep challenging it.

我害怕……

____

____

____

今天我挑戰了這份恐懼……

____

____

____

日期：__/__/__

不管在拳擊場內或場外，倒下都沒有錯，錯的是倒地不起。

Inside of a ring or out, ain't nothing wrong with going down. It's staying down that's wrong.

拳擊手/穆罕默德・阿里

Muhammad Ali

今天我倒下了，但立刻又站了起來！

日期：__/__/__

選擇恐懼症：害怕做決定。

我必須做一個艱難的決定……

最後我決定的是……

日期：___/___/___

冒著做錯決定的風險，總好過猶豫不決。

The risk of a wrong decision is preferable to the terror of indecision.

中世紀猶太哲學家/邁蒙尼德
Maimonides

雖然有風險，但今天我還是決定……

____

____

____

結果呢？

____

____

____

日期：__/__/__

選一件沒做過的事，
給自己三次嘗試的機會。
第一次，消除做這件事的恐懼；
第二次，學習怎麼做好這件事；
第三次，搞清楚自己
喜不喜歡這件事。

Try a thing you haven't done three times.
Once, to get over the fear of doing it. Twice, to learn how to do it.
And a third time to figure out whether you like it or not.

今天我第一次嘗試______________________________________。

[ ] 第二次 __/__/__

[ ] 第三次 __/__/__

喜歡嗎？[ ] 喜歡 [ ] 不喜歡

日期：___/___/___

望風的必不播種，
觀雲的必不收割。

He that observeth the wind cannot sow; and he that regardeth the clouds shall not reap.

傳道書 11:4

Ecclesiastes

我今天以實際行動代替望風觀雲：

日期：__/__/__

______ 點 ______ 分

在這個時刻，我……

日期：__/__/__

______ 點 ______ 分

在這個時刻，我……

今日便是
關鍵之日，
此刻即是
最佳時刻。

Now's the day, and now's the hour.

日期：__/__/__

走出穿搭風格舒適圈。

想想看你或許可以一試的穿搭風格，這幾種風格離你的舒適圈多遠？在圖上標出來吧！

超恐怖的！

心不甘情不願……

樂意一試！

我的舒適圈。

日期：__/__/__

吼！我超後悔沒有在二十六歲的時候，穿比基尼穿一整年。如果看到這句話的你還年輕，快去換上比基尼！對，就是現在！三十四歲前都不要脫下來！

Oh, how I regret not having worn a bikini for the entire year I was twenty- six. If anyone young is reading this, go, right this minute, put on a bikini, and don't take it off until you're thirty- four.

今天我打破以往的穿衣風格，穿了……

____

____

____

____

日期：__/__/__

我最喜歡去從沒去過的地方了。

My favorite thing is to go where I've never been.

攝影師/黛安．阿布絲
Diane Arbus

今天我造訪了一個新地點……

____

____

____

____

____

日期：__/__/__

對我而言，出發不是為了去某個地方，重點就在於出發。我為旅行而旅行，移動本身就是最有意義的。

For my part, I travel not to go anywhere, but to go. I travel for travel's sake. The great affair is to move.

小說家/羅伯特・路易斯・史蒂文森
Robert Louis Stevenson

我今天到了……

日期：＿/＿/＿

「好！」

今天我對他說：「好！」

日期：__/__/__

「不!」

今天我對他說：「不！」

日期：__/__/__

今天我沒被這份恐懼擊倒：

日期：__/__/__

今天我駕馭了這份恐懼：

勇敢不是
無所畏懼，
而是不向
恐懼低頭，
成功駕馭恐懼。

Courage is resistance to fear, mastery of fear, not absence of fear.

日期：__/__/__

如果你眼前有張空白的畫布傻瞪著你，趕快提筆畫下去！一片空白的畫布盯著畫家，對著他說「你什麼都不知道」，你絕對無法體會這多讓人挫敗無力。

Just dash something down if you see a blank canvas staring at you with a certain imbecility. You do not know how paralyzing it is, that staring of a blank canvas which says to the painter, you don't know anything.

畫家/文森．梵谷
Vincent van Gogh

我今天創作了……

______

______

______

日期：__/__/__

今天來創作藝術吧！就是現在，你可以即興畫畫、隨筆草寫、信手塗鴉，在這片空白上揮灑吧！

日期：__/__/__

我不怕暴風雨，因為我正在學習如何航行。

I am not afraid of storms, for I am learning how to sail my ship.

小說家/露意莎．梅．奧爾柯特
Louisa May Alcott

我今天順利走過了風風雨雨……

日期：__/__/__

我熱愛航向禁忌之洋，嚮往踏上蠻荒之岸。

I love to sail forbidden seas, and land on barbarous coasts.

小說家/赫爾曼．梅爾維爾

Herman Melville

我今天前往的禁忌之洋……

日期：__/__/__

人不能因噎廢食。

One cannot refuse to eat just because there is a chance of chocking.

今天我嘗試了新的……

[ ] 食物

[ ] 市場

[ ] 餐廳

[ ] 食譜

[ ] 調味料

[ ] 其他：

日期：__/__/__

小時候，
我們小孩怕的東西可多了，
有狼人、牙醫、北韓人、主日學，
可是和球芽甘藍相比，
那些根本不算什麼。

We kids feared many things in those days—werewolves, dentists, North Koreans, Sunday school—but they all paled in comparison with BRUSSELS SPROUTS.

專欄作家/戴夫．貝瑞
Dave Barry

今天我吃了……

____

____

____

____

____

日期：__/__/__

我今天很勇敢地做了……

日期：__/__/__

我今天很勇敢地做了……

勇往直前，

勇往直前，

無論身在何處，

皆勇於向前。

Be bold, be bold, and everywhere be bold.

日期：__/__/__

遇到下列情況，你的社交焦慮有多嚴重呢？ 1 到 10 分，請給分。

_____ **認識新朋友**

_____ **和陌生人講電話**

_____ **和沒見過面的人約會**

_____ **參加派對**

_____ **一個人參加派對**

_____ **讚美別人**

_____ **被讚美**

_____ **為自己辯護**

_____ **提出相反的意見**

_____ **指正別人**

_____ **尋求幫助**

_____ **其他：**

____

____

____

____

____

____

____

日期：__/__/__

如果房間裡的兩百個人中，有一個不喜歡我，我就會很想離開。

If there are two hundred people in a room and one of them doesn't like me, I've got to get out.

我今天鼓起勇氣與人互動……

日期：__/__/__

不出手射門，那100%不會得分。

You'll always miss 100% of the shots you don't take.

冰上曲棍球選手/韋恩·格雷茨基
Wayne Gretzky

今天我出手試了……

日期：__/__/__

從沒犯過任何錯，代表你什麼新事物都沒試過。

Anyone who has never made a mistake has never tried anything new.

哎呀，我今天犯了個錯！

____

____

____

____

____

日期：___/___/___

我沒吃過的一道菜：______________________________

評分 ：[ ] 好嗯！ [ ] 沒啥感覺…… [ ] 讚喔！

日期：___/___/___

我沒吃過的一道菜：______________________________

我的食記：

第一個
把牡蠣放進
嘴裡的人
真的很帶種。

He was a bold man that first ate an oyster.

諷刺文學家/強納森．史威夫特
Jonathan Swift

日期：__/__/__

每段經歷都能讓人從中學習……畢竟人生的意義就在於好好生活，充分體驗，不要害怕向外探索，積極尋求更新穎、更豐富的人生經驗。

There is no experience from which you can't learn something... . [T]he purpose of life, after all, is to live it, to taste experience to the utmost, to reach out eagerly and without fear for newer and richer experience.

前美國總統夫人/愛蓮娜．羅斯福
Eleanor Roosevelt

我今天創作了……

我學到……

日期：__/__/__

人生歷練總是先考驗我們，才給予教訓。

Experience gives us the tests first and the lessons later.

歌手/娜歐蜜．賈德

Naomi Judd

今天的考驗：

學到的教訓：

日期：___/___/___

先做必須做的事，再做可能行得通的事，然後你會突然發現，自己正在做不可能的事。

Start by doing what's necessary; then do what's possible; and suddenly you are doing the impossible.

亞西西的聖方濟
St. Francis of Assisi

我今天做了……

____

____

____

____

______________________________ （真是太不可思議了！）

日期：__/__/__

世界上有許多值得去做的事，在有人真的去做之前，很多人都覺得不可能做到。

Most of the things worth doing in the world had been declared impossible before they were done.

大法官/路易斯・布蘭迪斯
Louis Brandeis

今天我做了件很值得的事。

____

____

____

____

______________________________（真是太不可思議了！）

日期：__/__/__

想發現新大陸，就要準備好在舉目無岸的汪洋中，待上一段漫長的時日。

One does not discover new lands without consenting to lose sight of the shore for a very long time.

諾貝爾文學獎得主/安德烈．紀德
Andre Gide

今天我去了……

[ ] **新的社區**

[ ] **新的街道**

[ ] **新的公園**

[ ] **新的大陸**

[ ] **其他：**

日期：__/__/__

船停泊在港灣裡十分安全，但船不是造來停在港口的。

A ship in port is safe, but that is not what ships are built for.

美國海軍少將/葛麗絲·穆雷·霍普

Rear Admiral Grace Murray Hopper

我今天……

日期：__/__/__

我今天很勇敢……

我今天很幸運……

日期：__/__/__

我今天很勇敢……

我今天很幸運……

幸運之神
眷顧勇者。

Fortune favors the brave.

古羅馬劇作家/泰倫提烏斯
Terence

日期：__/__/__

「沒問題！」

我今天答應接下新企劃：

日期：__/__/__

「沒辦法!」

我今天拒絕接下新企劃：

日期：__/__/__

我有個恐懼症：我不喜歡照鏡子，也不看自己上電視的樣子。如果電視上剛好有我，我會叫別人關掉，或是直接離開。

I have a phobia: I don't like mirrors. And I don't watch myself on television. If anything coems on, I make them shut it off, or I leave the room.

演員/潘蜜拉 · 安德森
Pamela Anderson

我常常避免……

____

____

____

____

____

日期：__/__/__

照鏡恐懼症：
怕照鏡子，也不敢看鏡中的自己。

照鏡子時，我怕看到自己的……

[ ] 皺紋

[ ] 雀斑

[ ] 痘痘

[ ] 頭髮亂糟糟

[ ] 下巴過短

[ ] 下巴太厚

[ ] 鼻子太醜

[ ] 招風耳

[ ] 牙齒泛黃

[ ] 什麼都不怕

[ ] 其他：

____

____

____

____

____

日期：__/__/__

勇敢是最重要的美德，因為假如少了勇氣，就無法貫徹其他美德。

Courage is the most important of all virtues, because without courage you can't practice any other virtue consistently.

今天，我很勇敢：

____

____

____

____

____

____

____

日期：__/__/__

勇氣是道梯子，其他美德攀援而上。

Courage is the ladder on which all other virtures mount.

美國外交官/克萊兒．布斯．魯斯

Clare Boothe Luce

今天，我很勇敢：

____

____

____

____

____

____

____

日期：___/___/___

今天我不怕失敗地嘗試了……

今天我做到了……

日期：___/___/___

今天我不怕失敗地嘗試了……

今天我做到了……

不怕
大挫敗的人，
才能有
大成就。

Only those who dare to fail greatly can ever achieve greatly.

前美國參議員/羅伯特．法蘭西斯．甘迺迪
Robert F. Kennedy

日期：___/___/___

鼓起勇氣，和陌生人說「嗨」！

今天我跟一位陌生人說「嗨」！

他說：

日期：__/__/__

走訪越多地方，體會就越深；如果心中害怕，原本可能是朋友的人，依舊只會是陌生人。

The more I traveled the more I realized that fear makes strangers of people who should be friends.

演員/莎莉．麥克琳
Shirley MacLaine

我今天鼓起勇氣和一位陌生人說話：

____

____

____

____

____

____

日期：___/___/___

厭惡生於恐懼；人會先恐懼一件事物，之後才演變成厭惡。害怕吵雜的小孩，就會長成討厭吵雜的大人。

Hate is the consequence of fear; we fear something before we hate it; a child who fears noises becomes a man who hates noise.

文學評論家/西里爾．康諾利
Cyril Connolly

小時候我害怕……

長大後我討厭……

日期：__/__/__

放下所學
比學習更難。

Unlearning is more difficult than learning.

我放下了恐懼……

____

____

____

____

____

____

____

日期：__/__/__

走出文化舒適圈。

我今天跳出文化舒適圈，體驗了……

- [ ] 歌劇
- [ ] 芭蕾舞
- [ ] 現代舞
- [ ] 戲劇
- [ ] 讀詩大賽
- [ ] 喜劇俱樂部
- [ ] 美術館
- [ ] 藝廊
- [ ] 管弦樂表演
- [ ] 爵士表演
- [ ] 饒舌表演
- [ ] 狂歡派對
- [ ] 其他：

日期：___/___/___

身為藝術家，
就必須面對
你不敢看的事物。

To be an artist means never to avert one's eyes.

我今天看見了……

____

____

____

____

____

____

日期：__/__/__

我今天的大冒險：

日期：__/__/__

我今天的大冒險：

人生如果
沒有活得像場
大冒險，
那就什麼
都不是。

Life is either a daring adventure or nothing.

海倫・凱勒
Helen Keller

日期：__/__/__

磨坊要轉動才能賺錢，光是站著不會有斬獲。

The mill gains by going, and not by standing still.

葡萄牙諺語

我今天……

日期：__/__/__

我翻動生命的書頁，打開人生的新篇章。

Life happened because I turned the pages.

編輯兼翻譯家/阿爾維托．曼古埃爾
Alberto Manguel

我今天勇敢開啟生命的新頁：

日期：__/__/__

生命就是你最寶貴的禮物，出去品味世界、品嚐人生吧！

You have the gift of life. You've got to get out there and eat it.

今天我細細品嚐了人生滋味……

日期：__/__/__

去冒險吧！
賭上一切冒險吧！……
迎接自己最大的挑戰！
為自己展開行動！
勇敢面對現實！

Risk! Risk anything!... Do the hardest thing on earth for you.
Act for yourself. Face the truth.

小說家/凱薩琳．曼斯菲爾德
Katherine Mansfield

我今天做了一件難如登天的事……

日期：__/__/__

第一個希伯來人跳下海後，紅海才分開。

It was only after the first Hebrew jumped into the water that the Red Sea parted.

雖然很可怕，但我今天縱身一跳……

____

____

____

____

____

日期：___/___/___

縱身跳下懸崖，邊墜落邊長出翅膀，這才叫活得刺激瘋狂。

Living at risk is jumping off the cliff and building your wings on the way down.

小説家/雷・布萊伯利
Ray Bradbury

雖然很可怕，但我今天奮力一躍……

____

____

____

____

____

日期：__/__/__

今天，我就是冠軍。

日期：__/__/__

今天，我就是冠軍。

被打趴
還是
拼命爬起來，
這樣的人
才是冠軍。

A champion is one who gets up when he can't.

拳擊手／傑克・鄧普西
Jack Dempsey

日期：___/___/___

想要不再害怕失去，最好的辦法就是謹記人終將一死。

Remembering that you are going to die is the best way I know to avoid the trap of thinking you have something to lose.

我今天……

沒什麼好失去的啊！

日期：__/__/__

如果醫生說我只剩六分鐘可活，我不會浪費時間沮喪，我只會打字打得快一點。

If my doctor told me I had only six minutes to live, I wouldn't brood.
I'd type a little faster.

科幻作家/以撒・艾西莫夫
Issac Asimov

如果生命只剩六分鐘，我會……

日期：__/__/__

世界上沒有
所謂的失敗，
唯一的失敗就是
不再嘗試。

There is no failure except in no longer trying.

作家/阿爾伯特．哈伯德

Elbert Hubbard

我今天放膽一試！

______

______

______

日期：___/___/___

如果你需要鼓勵，請記住：不要輕易放棄。蘇斯博士出版第一本童書前，被二十三家出版社退稿，可是，第二十四家出版社幫他熱銷了六百萬本。

To those who need encouragement, remember this: beware of quitting too soon. Dr. Seuss's first children's book was rejected by twenty-three publishers. The twenty-fourth publisher sold six million copies.

我今天堅持到最後：

____

____

____

日期：__/__/__

「好啊！」

今天有人對我伸出援手，我說：「好啊！」

日期：__/__/__

「不用了！」

今天有人對我伸出援手，我說：「不用了！」

日期：___/___/___

我克服的恐懼：

日期：___/___/___

我克服的恐懼：

如果沒有每天克服一項恐懼，代表還沒學會生命的課題。

He has not learned the lesson of life who does not every day surmount a fear.

思想家/拉爾夫．沃爾多．愛默生
Ralph Waldo Emerson

日期：__/__/__

我不喜歡坐電梯，我不喜歡走隧道，我不喜歡浴室的排水孔在地板中間，要在角落才行。

I don't like to go into elevators. I don't go through tunnels. I like the drain in the shower to be in the corner and not in the middle.

導演/伍迪．艾倫
Woody Allen

你也怕這些東西嗎？

電梯 [ ] 怕　[ ] 不怕

隧道 [ ] 怕　[ ] 不怕

浴室排水孔 [ ]　怕 [ ] 不怕

日期：__/__/__

你越提防危險，反而越可能碰上危險。

The more wary you are of danger, the more likely you are to meet it.

我今天……

____

____

____

____

____

日期：__/__/__

一成不變的代價比改變來得大多了。

The price of doing the same old thing is far higher than the price of change.

前美國總統/比爾・柯林頓
Bill Clinton

我的一成不變：

____

____

____

我今天做了些改變：

____

____

____

日期：__/__/__

如果眼前有兩件壞事，我喜歡選沒做過的那一個。

Between two evils, I like to pick the one I haven't tried before.

演員/梅・韋斯特
Mae West

壞事 1 ：

壞事 2 ：

我選的是……

日期：__/__/__

走出
髮型舒適圈。

想想看你或許可以一試的髮型，這幾種髮型離你的舒適圈多遠？在圖上標出來吧！

這超恐怖的！

心不甘情不願……

樂意一試！

我的舒適圈。

日期：__/__/__

在好萊塢，女孩的美德遠不及髮型重要。

In Hollywood a girl's virtue is much less important than her hairdo.

瑪麗蓮．夢露

Marilyn Monroe

我今天踏出舒適圈，換了個髮型：

____

____

____

____

____

____

日期：___/___/___

我今天開始……

日期：___/___/___

我今天開始……

所有榮耀皆源自勇於開始。

All glory comes from daring to begin.

日期：__/__/__

今天來玩文字創意吧！

寫下你的第一句……

[ ] 詩作

[ ] 小說

[ ] 散文

[ ] 書信

[ ] 傳記

[ ] 其他：____________________

我的作品是這樣開始的……

日期：__/__/__

我的筆沾的
是最黑的墨水，
因為我不怕
跌進自己的墨水瓶。

I dip my pen in the blackeset ink, because I'm not afraid of falling into my inkpot.

思想家/拉爾夫．沃爾多．愛默生
Ralph Waldo Emerson

我今天……

日期：__/__/__

就算你的方向對了，如果你呆坐在那裡，別人也會踩過你往前跑。

Even if you're on the right track, you'll get run over if you just sit there.

演員/威爾．羅傑斯
Will Rogers

我朝著正確的方向，採取行動：

____

____

____

____

日期：__/__/__

好奇心比勇氣更能戰勝恐懼。

Curiosity will conquer fear even more than bravery will.

小說家/詹姆斯．斯蒂芬斯

James Stephens

我今天很好奇……

日期：__/__/__

我今天展現自己的勇氣……

日期：__/__/__

我今天展現自己的勇氣……

即使害怕，
依然面對危險，
這才是
真正的勇氣。

The true courage is facing danger when you're afraid.

童書作家/李曼．法蘭克．鮑姆
L. Frank Baum

日期：__/__/__

你對自己的健康多焦慮？

哪裡不舒服呢？把不舒服的地方標出來，1 到 10 分，依嚴重程度打分數。

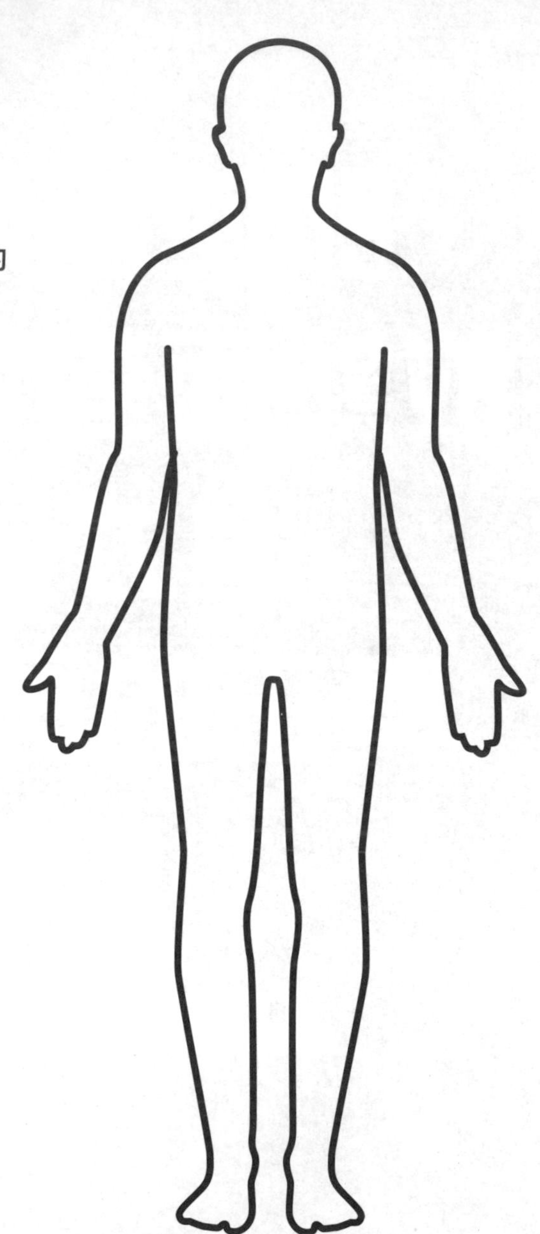

日期：__/__/__

我跟醫生說：
我累得要命，焦慮到不行，
總是靜不下來，常常很憂鬱，
一天到晚偏執發作。
結果，他說我很正常。

I told the doctor I was overtired, anxiety-ridden, compulsively active, constantly depressed, with recurring fits of paranoia. Turns out I'm normal.

卡通畫家/吉爾斯．菲佛
Jules Feiffer

我今天……

日期：__/__/__

兩條路於林間分道，而我……
我選擇了人跡罕至的那條
這讓一切變得如此不同

Two roads diverged in a wood, and I—
I took the one less traveled by,
And that has made all the difference.

詩人/羅伯特．佛洛斯特
Robert Frost

未走之路：

曾走之路：

日期：__/__/__

行經岔路時，
就選一條
繼續走吧！

When you come to a fork in the road, take it.

我今天走進了岔路……

日期：__/__/__

唉呀，
人的夢想不應是
垂手可得的事物，
否則天堂的存在
有何意義？

Ah, but a man's reach should exceed his grasp, or what's a heaven for?

我今天勇敢發夢……

日期：__/__/__

最是熟成的桃子，結在最高遠的樹枝。

The ripest peach is highest on the tree.

詩人/詹姆斯·惠特康姆·賴利
James Whitcomb Riley

我的桃子就是：

日期：__/__/__

我今天開始改變自己的人生：

日期：__/__/__

我今天開始改變自己的人生：

改變生命的方法：
即刻進行，
越誇張高調越好，
沒有例外。

To change one's life: start immediately. Do it flamboyantly. No exceptions.

日期：__/__/__

想要成長，必須暫時離開保護傘。

Growth demands a temporary surrender of security.

我今天離開了保護傘：

____

____

____

____

____

____

____

日期：__/__/__

生命會因勇氣的多寡，或延展，或縮小。

Life shrinks or expands in proportion to one's courage.

散文家/阿內絲．尼恩
Anaïs Nin

我的生命開展、豐富了，因為……

日期：___/___/___

機會來臨時，
不要害怕大步向前。
想跨越深谷的話，
兩小步絕對行不通。

Don't be afraid to take a big step if one is indicated. You can't cross a chasm in two small jumps.

前英國首相/大衛・勞合・喬治
David Lloyd George

我的一小步：

我的一小步：

我的一大步：

日期：__/__/__

躲在谷地的人
永遠無法翻越山丘。

He that stays in the valley shall never get over the hill.

我今天……

日期：__/__/__

今天我活在當下：

日期：__/__/__

今天我活在當下：

把握今天，
別寄望明天。

Seize the day. Put no trust in tomorrow.

古羅馬詩人/賀拉斯
Horace

日期：__/__/__

「好耶！」

今天聽到一個大膽的想法，我說：「好耶！」

日期：__/__/__

「不好吧！」

今天聽到一個大膽的想法，我說：「不好吧！」

____

____

____

____

____

____

____

____

日期：__/__/__

我可以的。
我可以的。
我可以的。

I think I can,
I think I can,
I think I can.

童書作家/瓦提・派波
Watty Piper

我覺得我可以……

我覺得我可以……

我覺得我可以……

日期：__/__/__

「我做得到。」「我做不到。」不管你想的是哪一個，你都是對的。

Think you can, think you can't; either way, you'll be right.

企業家/亨利・福特
Henry Ford

我今天覺得自己做得到：

____

____

結果如何？

____

____

日期：__/__/__

我有三種恐懼：我討厭上床睡覺，我討厭起床醒來，我討厭獨自一人。如果把恐懼都消除，我的生命將流暢一如十四行詩，但卻沈悶一如溝水。

I have three phobias which, could I mute them, would make my life as slick as a sonnet, but as dull as ditch water: I hate to go to bed, I hate to get up, and I hate to be alone.

演員/塔露拉・班克海德
Tallulah Bankhead

我的生活很刺激，因為我超怕……

日期：___/___/___

恐懼本身令人勇敢。

Fear itself made her daring.

古羅馬詩人/奧維德

Ovid

我今天……

日期：__/__/__

我今天的行為：

伴隨的風險：

日期：__/__/__

我今天的行為：

伴隨的風險：

偉大的行為
通常冒著
極大的風險。

Great deeds are usually wrought at great risks.

古希臘作家/希羅多德
Herodotus

日期：__/__/__

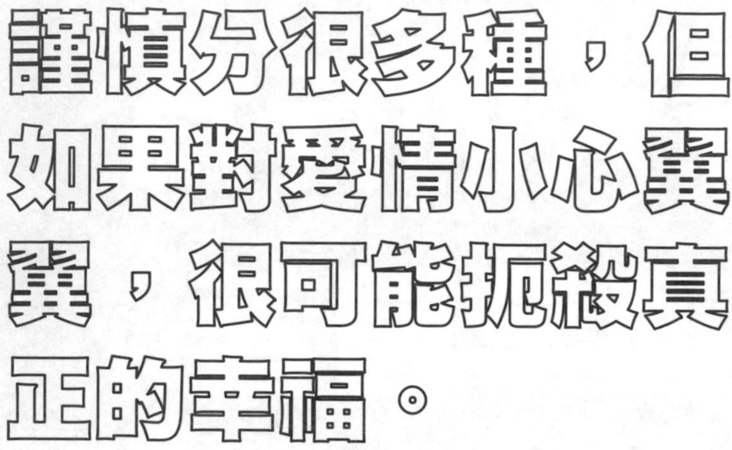

謹慎分很多種，但
如果對愛情小心翼
翼，很可能扼殺真
正的幸福。

Of all forms of caution, caution in love is perhaps the most fatal to true happiness.

我今天讓自己不小心一回……

日期：__/__/__

人愛者有力，愛人者勇。

Being deeply loved by someone gives you strength,
while loving someone deeply gives you courage.

我今天很有愛……

日期：__/__/__

走出
運動舒適圈。

想想看你或許可以一試的運動，這些運動離你的舒適圈多遠？在圖上標出來吧！

這超恐怖的！

心不甘情不願……

樂意一試！

我的舒適圈。

日期：__/__/__

勇敢就是
明明怕得要命，
卻依然
騎馬出發。

Courage is being scared to death... and saddling up anyway.

演員/約翰．韋恩

John Wayne

我今天跑出了運動舒適圈：

____

____

____

____

____

日期：__/__/__

今天的收穫：

今天的付出：

日期：__/__/__

今天的收穫：

今天的付出：

沒有
不勞而獲
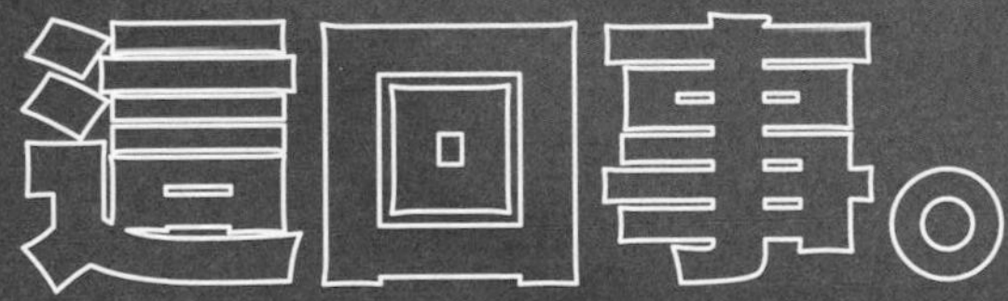

There are no gains without pains.

科學家/班傑明．富蘭克林
Benjamin Franklin

日期：__/__/__

我今天要改變世界，就從這裡下手！

[ ] 我的社區

[ ] 我的城市

[ ] 我的行政區

[ ] 我的國家

[ ] 這個世界

[ ] 這顆地球

我今天……

日期：__/__/__

不論我何時會去世，我希望真的了解我的人會這樣形容我：我總是在我相信會冒出花朵的地方，摘去刺薊，種下花朵。

Die when I may, I want it said of me by those who know me best, that I have always plucked a thistle and planted a flower where I thought a flower would grow.

前美國總統/亞伯拉罕・林肯
Abraham Lincoln

我今天……

日期：__/__/__

太多人唱高調，太少人用行動相和。

We have too many high sounding words and too few actions that correspond with them.

前美國總統夫人/艾碧蓋爾．亞當斯
Abigail Adams

我今天說的話：

我今天做的事：

日期：__/__/__

少說，
多做。

Speak little. Do much.

科學家/班傑明・富蘭克林
Benjamin Franklin

我說了什麼：

____

____

____

我做了什麼：

____

____

____

日期：__/__/__

到西部拓荒吧，年輕人！

Go west, young man.

《紐約論壇報》創辦人/霍勒斯・格里利
Horace Greeley

我的下一場探險就在……

____

____

____

____

____

____

____

日期：__/__/__

未懇之地不在東邊或西邊，也不是北部或南部，只要有人面對事實的任何地方，都是新的疆界。

The frontiers are not east or west, north or south, but wherever a man fronts a fact.

作家/亨利．大衛．梭羅
Henry David Thoreau

我今天勇敢面對……

日期：__/__/__

我今天很勇敢：

日期：__/__/__

我今天很勇敢：

勇者
才有資格
抱得美人歸。

None but the brave deserves the fair.

詩人/約翰・德萊頓
John Dryden

日期：__/__/__

很多人想學游泳，又想一雙腳踩在岸上。

People wish to learn to swim and at the same time to keep one foot on the ground.

作家/馬塞爾．普魯斯特
Marcel Proust

我今天雙腳離岸了：

日期：__/__/__

有所行動便需要勇於承擔，勇於承擔便需要置身險境。

To act is to be committed, and to be committed is to be in danger.

作家/詹姆斯 · 鮑德溫
James Baldwin

我今天決定勇於承擔：

____

____

____

____

____

____

____

日期：__/__/__

追隨心中星，
必達璀璨天堂。

If thou follow thy star, thou canst not fail of a glorious heaven.

我心中的星星：

____

____

____

____

____

____

____

日期：__/__/__

耀眼如星之輩
絕非半途而廢之徒。

He turns not back who is bound to a star.

我今天……

日期：___/___/___

我今天把勇氣分給別人：

日期：___/___/___

我今天把勇氣分給別人：

恐懼
留給自己，
勇氣
分予他人。

Keep your fears to yourself but share your courage.

小說家/羅伯特·路易斯·史蒂文森
Robert Louis Stevenson

日期：___/___/___

不尋覓就不會找到，不伸手就不會握有。夢寐以求之事不會自己送上門來，想扶搖直上，就必須奮力一跳。

You cannot find what you do not seek. You cannot grasp when you do not reach. Your dreams won't come up to your front door. You have got to take a leap, if you want to soar.

我今天縱身一跳……

日期：__/__/__

藝術家從來沒有完全確定的時候，我們都是用猜的，雖然可能猜錯，但我們還是會一直在黑暗中冒險前進。

The artist never entirely knows. We guess. We may be wrong, but we take leap after leap in the dark.

編舞家/艾格尼斯・德米勒
Agnes de Mille

我今天冒險前進……

____

____

____

____

日期：__/__/__

「沒問題!」

今天我對朋友說：「沒問題！」

____

____

____

____

____

____

____

____

____

日期：__/__/__

「我不行！」

今天我對朋友說：「我不行！」

____

____

____

____

____

____

____

____

____

日期：___/___/___

唯一值得懼怕的，就是恐懼本身。

The only thing we have to fear is fear itself.

前美國總統/富蘭克林．德拉諾．羅斯福
Franklin Delano Roosevelt

我今天……

日期：__/__/__

恐懼讓大野狼看起來比實際上還大。

Fear makes the wolf bigger than it is.

我今天把「大野狼」縮小了！

日期：___/___/___

我的目標：

我的第一步：

日期：___/___/___

我的目標：

我的第一步：

萬事起步難。

The first step is the hardest.

日期：__/__/__

比起遙想歷史，我更愛大夢未來。

I like the dreams of the future better than the history of the past.

前美國總統/湯瑪斯・傑佛遜

Thomas Jefferson

我的未來大夢：

____

____

____

____

____

____

____

____

日期：__/__/__

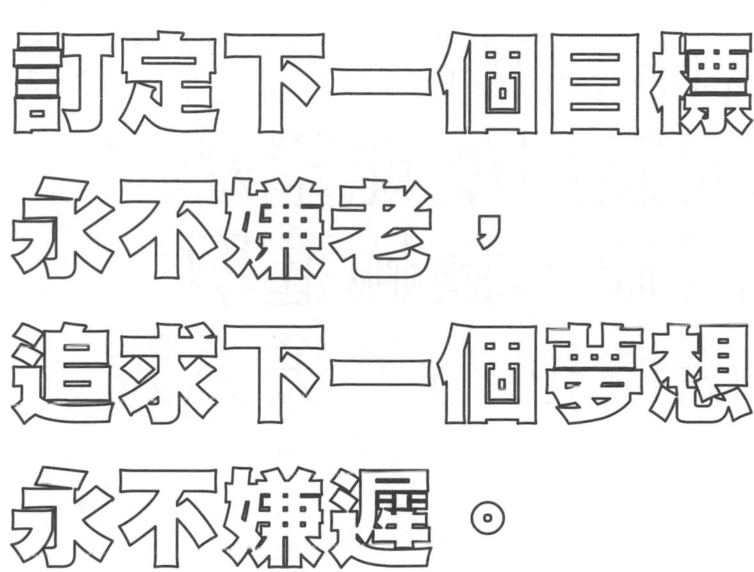

訂定下一個目標
永不嫌老，
追求下一個夢想
永不嫌遲。

You are never too old to set another goal or to dream a new dream.

小說家/克利夫．斯特普爾斯．路易斯
C. S. Lewis

我的新夢想：

____

____

____

____

日期：__/__/__

我將展開旅程，自信勇敢
儘管前景可能無望黯淡
為達目標，積極進取
軟弱怯懦抱不了美人歸

I'll take heart
And make a start—
Though I fear the prospect's shady—
Much I'd spend
To gain my end—
Faint heart never won fair lady!

我今天展開了旅程……

日期：__/__/__

愛人者
皆為勇者。

The loving are the daring.

詩人/貝亞德・泰勒
Bayard Taylor

我愛的人：

____

____

____

我的勇敢作為：

____

____

____

日期：__/__/__

鼓起勇氣改造自己，選一樣開始吧！

[ ] **頭髮**

[ ] **臉部**

[ ] **衣服**

[ ] **鞋子**

[ ] **顏色**

[ ] **造型**

今天的改造：

___

___

___

___

___

___

___

___

___

___

___

日期：__/__/__

何不把
舊貂皮大衣
當浴袍穿呢？

Why don't you turn your old ermine coat into a bathrobe?

時尚編輯/黛安娜．佛里蘭
Diana Vreeland

我今天……

日期：___/___/___

我今天小小的大膽：

日期：___/___/___

我今天小小的大膽：

不管
做什麼事，
都加上
一小撮
大膽吧！

Put a grain of boldness into everything you do.

傳教士/巴爾塔沙．葛拉西安
Baltasar Gracián

日期：__/__/__

走出
旅行舒適圈。

想想看你或許可以一去的地方，這些地方離你的舒適圈多遠？在圖上標出來吧！

這超恐怖的！

心不甘情不願……

樂意一試！

我的舒適圈

日期：___/___/___

我的生命就像圓圈，不斷向世界各方延展、擴大。

I live my life in widening circles that reach out across the world.

詩人/萊納·馬利亞·里爾克
Rainer Maria Rilke

我要玩出旅行舒適圈，今天開始計畫去……

日期：___/___/___

牙科恐懼症：怕看牙醫。

這裡有各種口腔治療，1 到 10 分，依可怕程度評分。

_____ **洗牙**

_____ **鑽牙**

_____ **補牙**

_____ **打麻醉**

_____ **根管治療**

_____ **照 X 光**

_____ **牙周治療**

_____ **其他：**

日期：__/__/__

說到定期看牙醫，我準時到了近乎偏執的地步。每隔十二年，我都會放下手邊的所有工作，任由白色小野馬把我拖去找牙齒矯正名醫。

As for consulting a dentist regularly, my punctuality practically amounted to a fetish. Every twelve years I would drop whatever I was doing and allow wild Caucasian ponies to drag me to a reputable orthodontist.

我今天……

______

______

______

______

日期：___/___/___

在證明不可能做到之前，所有事都有可能辦得到，即使是不可能的事，未來也會成為可能。

All things are possible until they are proved impossible and even the impossible may only be so, as of now.

我今天把「不可能」化為「可能」。

___

___

___

___

___

日期：__/__/__

有人說這件事沒人做得到
他輕輕一笑，答道：
「可能是吧」，不過
他不會妄下斷言，除非他放手試過了
他繫緊腰帶，臉上帶著一抹笑
就算他內心發愁，臉上也看不出來
他開始高歌，著手進行
那件沒人做得到的事，他做到了

Somebody said that it couldn't be done,
But he with a chuckle replied
That "maybe it couldn't," but he would be one
Who wouldn't say so till he'd tried.
So he buckled right in with the trace of a grin
On his face. If he worried he hid it.
He started to sing as he tackled the thing
That couldn't be done, and he did it.

我今天做到一件「辦不到」的事：

日期：__/__/__

我今天威猛如獅。

日期：__/__/__

我今天威猛如獅。

人一生中
當一天獅子，
總比一輩子
都作綿羊
來得好。

It's better to be a lion for a day than a sheep all your life.

日期：___/___/___

上學讓你多焦慮呢？1 到 10 分，請給分。（就算你已經不是學生了，也可以評喔！）

_____ **第一天上學**

_____ **準時到校**

_____ **在全班面前表演**

_____ **為課業做好準備**

_____ **被點名**

_____ **隨堂測驗**

_____ **期末考試**

_____ **成績公佈**

_____ **其他：**

____

____

____

____

____

____

____

____

____

日期：__/__/__

唯有學習，值得思想家產生深沉但不致過度的焦慮。

Education is the only interest worthy the deep, controlling anxiety of the thoughtful man.

律師/溫德爾．菲利浦斯
Wendell Phillips

我今天學到……

____

____

____

____

日期：__/__/__

我們應該明白，前往目標的旅程只會有一段是用走的，然後就必須為了成功冒險躍入黑暗。

We must walk consciously only part way toward our goal, and then leap in the dark to our success.

我今天向前一躍！

____

____

____

____

日期：__/__/__

有時候
想達成某些目標，
就必須刻意
往反方向跳。

There are some things one can only achieve by a deliberate leap in the opposite direction.

作家/法蘭茲．卡夫卡

Franz Kafka

我今天向後跳……

日期：__/__/__

我今天的航行……

日期：__/__/__

我今天的航行……

揚帆出航吧！
準備啟程吧！
做就對了！

Make voyages. Attempt them. There's nothing else.

劇作家/田納西．威廉斯
Tennessee Williams

日期：__/__/__

褲子不濕，
就抓不到鱒魚。

You can't catch trout with dry breeches.

我想抓的鱒魚：

____

____

____

我弄濕的褲子：

____

____

____

日期：__/__/__

躲在安全的地方，要勇敢很簡單。

It is easy to be brave from a safe distance.

我今天朝恐懼走近一些……

日期：__/__/__

「沒問題!」

今天工作時，我說：「沒問題！」

日期：__/__/__

「沒辦法!」

今天工作時，我說：「沒辦法！」

日期：__/__/__

今天我想我做得到：

日期：__/__/__

今天我想我做得到：

他們辦得到，
是因為
他們認為
自己辦得到。

They can because they think they can.

古羅馬詩人/維吉爾
Virgil

日期：__/__/__

總是戒慎恐懼，便無法在世界上站穩腳步。主動出擊、狠狠挨揍，才能學會如何堅守陣地。

You don't learn to hold your own in the world by standing on guard, but by attacking, and getting well hammered yourself.

我今天主動出擊……

結果被打趴在地……

日期：__/__/__

贏了
就不痛了。

When you win, nothing hurts.

我今天……

日期：__/__/__

一有機會，媽媽總會鼓勵我們「朝太陽跳」。即使我們不會真的跳到太陽上，但至少會離開地球表面。

Mama exhorted her children at every opportunity to "jump at the sun." We might not land on the sun, but at least we would get off the ground.

小說家/卓拉．尼爾．赫斯特
Zora Neale Hurston

我今天「朝太陽跳」了：

日期：__/__/__

遠在溫暖陽光的另一端，藏著我最大的夢想，或許搆不著，但我能仰望它的美，相信它的真，並努力遵循它給我的方向。

Far away in the sunshine are my highest inspirations. I may not reach them, but I can look up and see the beauty, believe in them, and try to follow where they lead.

小說家/露意莎．梅．奧爾柯特
Louisa May Alcott

今天激勵我心的夢想是……

______

______

______

______

日期：__/__/__

鼓起勇氣，
再大膽點，
一直勇敢下去！

Boldness, and again boldness, and always boldness.

法國大革命關鍵人物/喬治．雅克．丹敦

Georges Jacques Danton

今天我很勇敢……

日期：___/___/___

人生最大的危險就是過份謹慎。

The chief danger in life is that you may take too many precautions.

心理學家/阿爾弗雷德．阿德勒
Alfred Adler

我今天解除了一些保護措施……

____

____

____

____

____

____

____

____

日期：__/__/__

我今天的害怕有 _____ 度。

日期：__/__/__

我今天的害怕有 _____ 度。

其實沒有
所謂的勇敢，
只有
不同程度的
恐懼。

There is no such thing as bravery, only degrees of fear.

日期：__/__/__

贏得無驚無險，
等於勝得毫無榮耀。

To win without risk is to triumph without glory.

悲劇作家/皮耶・高乃依
Pierre Corneille

今日驚險：

今日勝利：

日期：__/__/__

相信我！收穫最多和人生最樂的秘訣，就是與危險共舞！

Believe me! The secret of reaping the greatest fruitfulness and the greatest enjoyment from life is to live dangerously!

哲學家/弗里德里希・威廉・尼采
Friedrich Wilhelm Nietzsche

今天我和危險共舞……

日期：__/__/__

像個企業家一樣思考。

我可以創造的企業版圖……

日期：__/__/__

設下遠大、看似不可能達成的目標，然後努力超越它，這就是我的人生樂趣。

My interest in life comes from setting myself huge, apparently unachievable challenges and trying to rise above them.

今天看似不可能的大挑戰：

______

______

______

______

日期：__/__/__

我今天沒有低頭認輸：

日期：__/__/__

我今天沒有低頭認輸：

你可以擊敗我，但我不會認輸。

I will be conquered; I will not capitulate.

詩人/塞繆爾．詹森
Samuel Johnson

日期：__/__/__

走出
自然舒適圈。

想想看你可以親近的大自然跟小動物，這離你的舒適圈多遠？在圖上標出來吧！

這超恐怖的！

心不甘情不願……

樂意一試！

我的舒適圈

日期：__/__/__

我才不要買條蛇當寵物！我是克服了一些害怕的事沒錯，但我可沒瘋！

I'm not about to go out and buy a snake for a pet. I mean, I may have faced a few fears but I'm not insane.

演員/克莉絲汀．戴維斯
Kristin Davis

我今天跨出了自然舒適圈。

____

____

____

____

____

____

____

日期：__/__/__

想要命中紅心，一定要瞄得高一點，因為每支飛箭都會受地心引力拉扯。

If you would hit the mark, you must aim a little above it; every arrow that flies feels the attraction of earth.

詩人/亨利．沃茲沃思．朗費羅
Henry Wadsworth Longfellow

我今天把目標訂高了點：

______

______

______

______

日期：___/___/___

有四種東西會一去不復返：說出口的話、射出去的箭、流逝的時間、錯失的機會。

Four things come not back: the spoken word; the sped arrow; time past; and the neglected opportunity.

第二代哈里發/歐瑪爾·賓·哈立夫
Omar Ibn Al- Halif

我今天把握機會……

日期：__/__/__

我今天……

日期：__/__/__

我今天……

如果
目前的成就
讓你安於現狀，
那沒有比這
更糟的事了。

Nothing is harder on your laurels than resting on them.

佚名

日期：__/__/__

飛行恐懼症：害怕飛在天上。

我的飛行恐懼包含了……

- **[ ] 氦氣球**
- **[ ] 太空船**
- **[ ] 直昇機**
- **[ ] 滑翔機**
- **[ ] 超音速飛機**
- **[ ] 雙翼飛機**
- **[ ] 都不怕**
- **[ ] 其他：**

日期：__/__/__

好幾年前，我發現了一個方法能讓我搭的飛機一切平安，那就是不要把手錶的時間調成目的地的時區，直到降落，這個方法我一直用到今天。

Years ago, I discovered that I could keep the plane I was flying on from crashing by refusing to adjust my watch to the new time zone until we were on the ground, and I have used that method ever since.

我克服恐懼的小秘訣就是……

____

____

____

____

日期：__/__/__

懦夫在真正死之前已經死過好幾回，但勇者只會嚐過一次死亡的滋味。

Cowards die many times before their deaths. The valiant never taste of death but once.

威廉．莎士比亞
William Shakespeare

我今天不是膽小鬼：

日期：__/__/__

昂首站立而死，好過屈膝苟且而活。

It is better to die on your feet than to live on your knees.

墨西哥革命領袖/埃米利亞諾・薩帕塔
Emiliano Zapata

今天我挺直腰桿：

____

____

____

____

日期：__/__/__

生命就像一台十段變速腳踏車，有些功能我們根本沒用過。

Life is like a ten- speed bike. Most of us have gears we never use.

卡通畫家/查爾斯．舒茲
Charles Schulz

如果每段變速我都試試看，會怎麼樣呢？

日期：__/__/__

人生就像騎腳踏車，想保持平衡，就要不斷往前踩。

Life is like riding a bicycle. To keep your balance, you must keep moving.

艾伯特．愛因斯坦
Albert Einstein

我今天到了……

日期：__/__/__

我今天長大了：

日期：__/__/__

我今天長大了：

不怕慢，只怕站。

Be not afraid of growing slowly,
be afraid only of standing still.

日期：__/__/__

「好的!」

我今天接受了一個責任，我說：「好的！」

日期：__/__/__

「不好!」

我今天推卻了一個責任，我說：「不好！」

日期：___/___/___

聰明人不會失誤，他犯的錯都是有意為之，是為了開啟探索的大門。

A man of genius makes no mistakes; his errors are volitional and are the portals of discovery.

今日錯誤：

___

___

___

今日發現：

___

___

___

日期：__/__/__

屢試，屢敗。無所謂。再試，再敗。敗得更漂亮。

Ever tried. Ever failed. No matter.
Try Again. Fail again. Fail better.

今天這跤，我跌得比以前漂亮：

日期：__/__/__

世上最大的
勇氣試驗，
就是承擔失敗
但初心不改。

The greatest test of courage on earth is to bear defeat without losing heart.

律師/羅伯特・格林・英格索
Robert G. Ingersoll

我今天沒喪失初衷：

___

___

___

日期：__/__/__

絕對不要誤以為一次失敗就是永遠失敗。

Never confuse a single defeat with a final defeat.

小說家/法蘭西斯．史考特．費茲傑羅
F. Scott Fitzgerald

我今天的單筆敗績：

日期：__/__/__

我今天的遠大目標：

日期：__/__/__

我今天的遠大目標：

失敗不是罪，胸無大志才是。

Not failure, but low aim, is a crime.

詩人／詹姆斯．羅素．羅威爾
James Russell Lowell

日期：__/__/__

我不是要你把世界變得更好……活在當下就好。這不只是承受煎熬、忍耐苦痛、度過一切，而是真切地活在當下。仔細去看看、去了解這個世界，活得無所謂一些，也該活得冒險一些。

I'm not telling you to make the world better. . . . I'm just telling you to live in it. Not just to endure it, not just to suffer it, not just to pass through it, but to live in it. To look at it. To try to get the picture. To live recklessly. To take chances.

我今天冒了個險……

______

______

______

日期：__/__/__

接受生命，意味著揮汗捲袖，將雙手深深插入生命之壤，直沒手肘。

To say yes, you have to sweat and roll up your sleeves and plunge both hands into life up to the elbows.

劇作家/尚．阿諾伊
Jean Anouilh

我今天全心投入，感受生命：

日期：__/__/__

有東西藏起來了
去吧，把它找出來，快去
去翻翻群山之後
那東西就在群山之後
失落蹤跡
等待你尋找！去吧！

Something hidden. Go and find it. Go and look behind the Ranges—
Something lost behind the Ranges. Lost and waiting for you. Go!

小說家/魯德亞德．吉卜林
Rudyard Kipling

我今天探索的山脈：

日期：__/__/__

人遇上了山，就會促成偉大的事蹟。

Great things are done when men and mountains meet.

我今天遇上了座山……

____

____

____

____

____

____

____

日期：__/__/__

今天在廚房揮灑創意吧！來煮道……

[ ] 法式肉酥餅

[ ] 鴨胸燻火腿

[ ] 豆燜肉砂鍋

[ ] 紅酒燉香雞

[ ] 龍蝦舒芙蕾

[ ] 總匯通心粉團

[ ] 其他：

日期：__/__/__

做菜時，最好抱著「管他的」的態度。

In cooking you've got to have a what-the-hell attitude.

我今天試了新食譜。

結果如何？

（唉唷管他的！）

日期：___/___/___

我今天盡力了：

日期：___/___/___

我今天盡力了：

無論身處家鄉
或異地，
大無畏的人
總是竭盡全力。

It is the bold man who every time does best, at home or abroad.

吟遊詩人／荷馬
Homer

日期：__/__/__

看到三顆柳橙，
我會拿來玩拋接；
看到兩座高樓，
我就上去走鋼索。

When I see three oranges, I juggle;
when I see two towers, I walk.

走鋼絲藝人/菲利普．珀蒂
Philippe Petit

談為什麼要在世貿雙塔間走鋼索。

我今天挑戰了……

日期：___/___/___

因為山
就在那裡。

Because it's there.

探險家/喬治·馬洛里

George Mallory

談為什麼要挑戰聖母峰。

我今天挑戰了……

____

____

____

____

____

____

____

日期：___/___/___

走出
語言舒適圈。

想想看你或許可以一學的語言，這些語言離你的舒適圈多遠？在圖上標出來吧！

這超恐怖的！

心不甘情不願……

樂意一試！

我的舒適圈。

日期：__/__/__

要是羅馬人
得先學好拉丁文，
那他們根本沒空
征服世界。

The Romans would never have had time to conquer the world if they had been obliged to learn Latin first of all.

詩人/海因里希．海涅
Heinrich Heine

我今天走出語言舒適圈，我用______________________________語

說了____

____

____

____

____

日期：__/__/__

旅人啊，
沒有所謂鋪好的路，
路是人走出來的。

Travelers, there is no path, paths are made by walking.

我今天走出了新路……

日期：__/__/__

最終他起身
猛地一扯藍色斗蓬
明日動身
前往新樹林、新牧場

At last he rose, and twitch'd his mantle blue;
Tomorrow to fresh Woods, and Pastures new.

詩人/約翰・彌爾頓
John Milton

我今天的新牧場：

日期：___/___/___

別人說我做不到……

（但我今天做到了！）

日期：___/___/___

別人說我做不到……

（但我今天做到了！）

人生
一大樂事，
莫過於去做
別人說你
不行的事。

The great pleasure in life is doing what people say you cannot do.

經濟學家／華特．白芝浩
Walter Bagehot

日期：__/__/__

上台會讓你多焦慮？1 到 10 分，請給分。

_____ **上台演講**

_____ **發表致詞**

_____ **上台演戲**

_____ **上台獨唱**

_____ **在人群中央跳舞**

_____ **表演單人喜劇**

_____ **其他：**

日期：__/__/__

其實我
一點也不好笑，
我只是很勇敢。

I'm not funny. What I am is brave.

我今天鼓起勇氣……

日期：__/__/__

承諾恐懼症：
害怕投入長久的感情，不敢做出長期的承諾。

我今天……

日期：__/__/__

對我而言，和一萬個人談戀愛簡直易如反掌，只和一個人談感情卻是難如登天。

The easiest kind of relationship for me is with 10,000 people.
The hardest is with one.

今天________________________跟我：

日期：___/___/___

我當然知道很危險，打從考慮出發那一刻起，我就很清楚可能會回不來。可是，一旦下定決心面對挑戰，就沒必要再多談危險不危險了。

Of course I realized there was a measure of danger. Obviously I faced the possibility of not returning when first I considered going. Once faced and settled there really wasn't any good reason to refer to it.

飛行員/愛蜜莉亞・厄爾哈特

Amelia Earhart

談「友誼號」飛行計畫

我今天面對的危險……

日期：__/__/__

他敢於做夢，亦發揮高貴情操追夢。

And what he greatly thought, he nobly dared.

今日發想：

今日實踐：

日期：__/__/__

我的今日作為：

日期：__/__/__

我的今日作為：

現在該有所作為了吧！

Now at last let me see some deeds!

作家/約翰・沃爾夫岡・馮・歌德
Johann Wolfgang von Goethe

日期：__/__/__

「我接受！」

今天有人主動給我建議，我說：「我接受！」

日期：__/__/__

「不必了！」

今天有人主動給我建議，我說：「不必了！」

日期：__/__/__

我擺脫恐懼的唯一辦法，就是拍成電影。

The only way to get rid of my fears is to make films about them.

我害怕的電影是……

日期：__/__/__

每次我提筆畫畫……都會感受到一樣的恐懼，一樣的自我懷疑……只有我的心能教我怎麼畫，那是我唯一的繪畫泉源。

Every time I start a picture ... I feel the same fear, the same self-doubts ... and I have only one source on which I can draw, because it comes from within me.

導演/費德里柯·費里尼
Federico Fellini

我今天也感到害怕，可是……

日期：__/__/__

三十三年來，我每天早上都會問鏡中的自己：「如果今天是我生命的最後一天，我還會去做等等要做的事嗎？」如果連續好幾天的答案都是「不會」，那就是時候做些改變了。

For the past thirty- three years, I have looked in the mirror every morning and asked myself: "If today were the last day of my life, would I want to do what I am about to do today?" And whenever the answer has been "No" for too many days in a row, I know I need to change something.

我今天做了些改變……

日期：__/__/__

人只有一輩子，
但如果你好好過，
一次很夠了。

You only live once, but if you do it right, once is enough.

歌手/喬．伊．路易斯
Joe E. Lewis

我今天……

日期：___/___/___

今天我主動游出去……

____
____
____
____
____
____
____
____

日期：___/___/___

今天我主動游出去……

____
____
____
____
____
____
____
____

別等船向你駛來，朝它游去吧！

Don't wait for your ship to come in, swim out to it.

日期：__/__/__

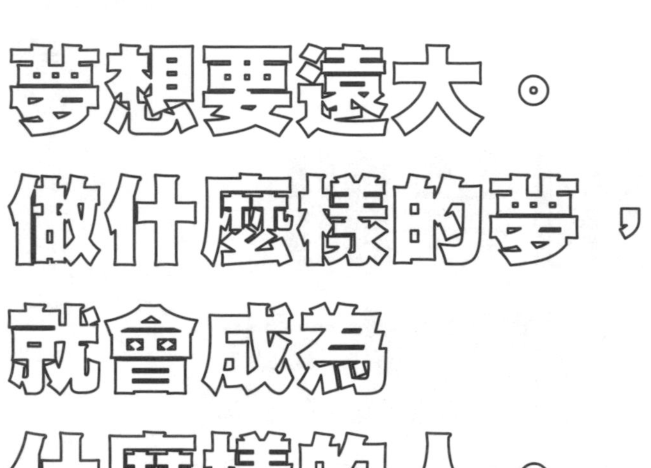

Dream lofty dreams, and as you dream, so you shall become.

小說家/詹姆斯・連恩・艾倫
James Lane Allen

我今天夢到了……

日期：__/__/__

如果夢想只有一個，上天會為他痛心。

God pity a one-dream man.

夢想一：

夢想二：

夢想三：

日期：___/___/___

我喜歡讓事情發生，如果沒有發生，我會親手讓它成真。

I like things to happen; and if they don't happen, I like to make them happen.

前英國首相/溫斯頓‧邱吉爾爵士
Sir Winston Churchill

今天有些事自動發生了……

今天我親手讓事情成真……

日期：__/__/__

對體驗過暴風雨的人而言，平靜令人不耐。

They sicken of the calm, who knew the storm.

詩人/桃樂絲·派克
Dorothy Parker

我今天……

日期：__/__/__

艱難的任務
我們會立刻完成，
不可能的任務
只需多花點時間。

The difficult we do immediately;
the impossible takes a little longer.

今日困難：

____

______________________________（**我花了______小時完成。**）

今日不可能：

____

______________________________（**我花了______小時完成。**）

日期：__/__/__

逆風高飛，
直抵遠星。

Per ardua ad astra.

我今天的星星：

日期：__/__/__

我今天改變了……

日期：__/__/__

我今天改變了……

人最怕
改變。

Change is what people fear most.

小說家/費奧多爾．杜斯妥也夫斯基
Fyodor Dostoyevsky

日期：__/__/__

今天就自己一個人，出發去……

[ ] 餐廳吃飯

[ ] 酒吧喝酒

[ ] 派對狂歡

[ ] 電影院看電影

[ ] 演唱會聽歌

[ ] 其他：

日期：__/__/__

老是自己一個人跑來跑去，這種生活最開心。

The happiest of all lives is a busy solitude.

作家/伏爾泰
Voltaire

我今天享受獨處……

日期：__/__/__

走出
形象舒適圈。

想想你可以怎麼推銷自己的長處，這些自我推銷的方法離你的舒適圈多遠？在圖上標出來吧！

這超恐怖的！

心不甘情不願……

樂意一試！

我的舒適圈。

日期：__/__/__

大肆宣揚，自我推銷，
敲鑼打鼓，展現自己的好，
否則相信我，機會只會跑掉。

You must stir it and stump it
And blow your own trumpet,
Or trust me, you haven't a chance.

劇作家/威廉・施文克・吉爾伯特
W. S. Gilbert

我今天積極展現自己：

____

____

____

____

____

____

____

日期：__/__/__

膽識過人的人充滿魅力，我看到他們勇於發明，激勵人心，時時展現一瞬聰穎。

The charm of the best courages is that they are inventions, inspirations, flashes of genius.

思想家/拉爾夫．沃爾多．愛默生
Ralph Waldo Emerson

我今天最勇敢的時刻：

日期：__/__/__

勇氣激發天資，造就聰穎。

Genius is talent set on fire by courage.

作家/亨利·馮·戴克

Henry van Dyke

我今天很天才……

日期：___/___/___

我今天放膽一試……

收成甜美的果實……

日期：___/___/___

我今天放膽一試……

收成甜美的果實……

風險越高，成果越甜。

The greater the risk, the sweeter the fruit.

日期：__/__/__

溫和中庸
讓靈魂懶散怠情，
積極進取
讓靈魂活躍熱情。

Moderation is the languor and sloth of the soul, ambition its activity and ardor.

作家/弗朗索瓦 · 德 · 拉羅什福柯
François de La Rochefoucauld

我今天很有企圖心……

______

______

______

______

______

日期：__/__/__

走中間路線的話，路上什麼也沒有，只有交通標誌和死掉的犰狳。

There's nothing in the middle of the road but yellow stripes and dead armadillos.

我今天的路邊風光：

日期：__/__/__

「來吧!」

我今天向誘惑點頭：

日期：__/__/__

「不行！」

我今天向誘惑搖頭：

日期：__/__/__

嘲笑恐懼症：害怕被奚落。

我今天做了好笑的事：

日期：__/__/__

不怕做傻事
是長智慧的第一步。

He dares to be a fool, and that is the first step in the direction of wisdom.

藝術評論家/詹姆斯．吉本斯．韓尼克
James G. Huneker

我今天不怕當個傻瓜：

我學到了……

日期：__/__/__

我今天堅定果敢……

日期：__/__/__

我今天堅定果敢……

「應該」、
「可能」、
「大概會」，
它們都是
可鄙的詞彙。

Might, could, would— they are contemptible auxiliaries.

日期：__/__/__

當媽比什麼都可怕。

There is nothing like becoming a mom to fill you with fear.

《赫芬頓郵報》創始人/亞利安娜．赫芬頓
Arianna Huffington

我今天……

[ ] 照顧小狗
[ ] 帶小孩
[ ] 想像有孩子的樣子
[ ] 和別人討論生小孩這件事
[ ] 決定生小孩
[ ] 當爸爸／媽媽了！

我覺得……

日期：__/__/__

人生有許多
考驗心臟的時刻，
例如讓小孩走進
鋪著白地毯的房子。

All of us have moments in our lives that test our courage.
Taking children into a house with a white carpet is one of them.

我今天……

日期：__/__/__

改變就是生命的常態。
留戀過去或耽溺當下，
必定錯過未來。

Change is the law of life. And those who look only to the past or present are certain to miss the future.

前美國總統/約翰．費茲傑拉爾德．甘迺迪

John F. Kennedy

我今天做了個改變……

___

___

___

___

___

___

___

日期：__/__/__

改變一定會帶來不便，就算是由壞轉好也一樣。

Change is not made without inconvenience, even from worse to better.

我今天變得更好囉！

日期：___/___/___

你的思想
造就了今日的你，
也將帶領
明日的你。

You are today where your thoughts have brought you;
you will be tomorrow where your thoughts take you.

小說家/詹姆斯・連恩・艾倫
James Lane Allen

我今天在想……

___

___

___

___

日期：__/__/__

The journey of a thousand miles begins with one step.

我今天踏出了第一步……

日期：__/__/__

我今天做了……

日期：__/__/__

我今天做了……

不犯錯的人通常什麼也無法達成。

The man who makes no mistakes does not usually make anything.

美國外交官/愛德華．約翰．費爾普斯
Edward John Phelps

日期：__/__/__

只要你敢跨出腳步，就沒有什麼難事需要很久才能完成。

No task is a long one but the task on which one dare not start.

詩人/夏爾．皮埃爾．波特萊爾

Charles Baudelaire

我今天跨出了第一步……

日期：__/__/__

要不要，
要不要，
要不要一起跳舞？

Will you, won't you, will you, won't you, will you join the dance?

兒童文學作家/路易斯．卡羅爾
Lewis Carroll

我今天和大家一起跳舞……

日期：__/__/__

挑戰消失一整天！選其中一個：

- [ ] **不接電話**
- [ ] **不看電子信箱**
- [ ] **不上社群媒體**
- [ ] **不上網**
- [ ] **不開電視**
- [ ] **不開收音機**
- [ ] **不看新聞**
- [ ] **不看時鐘**
- [ ] **不用 _____**

結果呢？

____

____

____

____

____

____

日期：__/__/__

親愛的朋友，
一切都很危險，
要是不危險，
也不值得活這一回了。

Everything is dangerous, my dear fellow. If it wasn't so, life wouldn't be worth living.

詩人/奧斯卡 · 王爾德
Oscar Wilde

我今天……

日期：___/___/___

我們已渡過盧比孔河，旌旗飛揚，鼓聲震天……此次犯險，若不是丟了性命，便是贏得榮譽。

I have crossed the Rubicon with flapping flags and beating drums... .
In this enterprise I will either lose my life or win honor.

我今天橫渡了盧比孔河：

____

____

____

____

日期：__/__/__

雖然我生為女兒身，柔弱無力，但我有王者的心臟與胃口，亦擁有英格蘭國王的風範！

I know I have the body of a weak and feeble woman, but I have the heart and stomach of a king, and a King of England, too.

伊麗莎白一世

Queen Elizabeth I

我今天展現王者之風：

____

____

____

____

日期：__/__/__

我今天試了 ______________，結果摔了一跤。

日期：__/__/__

我今天爬起來……

跌倒七次，
起身八次。

Fall seven times and stand up eight.

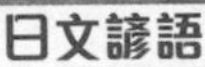

日期：___/___/___

時機未熟，就抓住它，
悔恨的淚，且等著擦；
時機成熟，卻讓它溜走，
悲痛的淚，拭不及不停流。

If you trap the moment before it's ripe,
The tears of repentance you'll certainly wipe;
But if once you let the ripe moment go,
You can never wipe off the tears of woe.

今天時機成熟了……

____

____

____

我做了什麼：

____

____

____

日期：__/__/__

抓住機會，將來就不會遺憾地說：「早知道……」

Grab a chance and you won't be sorry for a might- have- been.

兒童文學作家/亞瑟．蘭塞姆
Arthur Ransome

我今天抓緊機會……

____

____

____

____

____

____

____

____

日期：__/__/__

走出
DIY舒適圈。

想想看你可以自己動手製作什麼，這離你的舒適圈多遠？在圖上標出來吧！

這超恐怖的！

心不甘情不願⋯⋯

樂意一試！

我的舒適圈。

日期：__/__/__

一定有辦法做得更好，去找出來！

There's a way to do it better — find it.

湯瑪斯．阿爾瓦．愛迪生
Thomas Alva Edison

今天我跨出動手做的舒適圈，做了……

日期：__/__/__

購物恐懼症：害怕逛街買東西。

我害怕的商店：

我今天買了東西，我去了……

日期：__/__/__

穿著和勇氣息息相關。

Clothes and courage have much to do with each other.

作家/薩拉．珍妮特．鄧肯
Sara Jeannette Duncan

今天我鼓起勇氣穿了……

日期：___/___/___

今日夢想：

(何不去做？)

日期：___/___/___

今日夢想：

(何不去做？)

你看著眼前的事物，
問：「為什麼？」
而我幻想著
前所未見的事物，
說：「為麼不試試看？」

You see things; and you say, "Why?"
But I dream things that never were; and I say, "Why not?"

劇作家/喬治．蕭伯納
George Bernard Shaw

日期：__/__/__

「好啊！」

我今天跟對手說：「好啊！」

____

____

____

____

____

____

____

____

____

日期：__/__/__

「不要!」

我今天跟對手說：「不要！」

日期：__/__/__

你無法試試看，只能直接做做看。

You can't try to do things; you simply must do them.

小說家/雷・布萊伯利

Ray Bradbury

今天我做了……

日期：___/___/___

嚷著說這事辦不到的人，通常話還沒說完，就會被動手做這件事的人給打斷。

Those who say it can't be done are usually interrupted by others doing it.

我做了……

____

____

____

我打斷了……

____

____

____

日期：__/__/__

看醫生讓你多焦慮？1 到 10 分，請給分。

_____ **牙科**

_____ **皮膚科**

_____ **口腔外科**

_____ **足科**

_____ **心臟科**

_____ **骨科**

_____ **放射科**

_____ **婦科**

_____ **中醫針灸**

_____ **眼科**

_____ **腸胃科**

_____ **其他：**

___

___

___

___

___

___

___

日期：___/___/___

人生最大的阻礙，就是過度擔心健康。

Attention to health is life's greatest hindrance.

柏拉圖
Plato

我今天⋯⋯

日期：__/__/__

今天，我感覺到……

日期：__/__/__

今天，我感覺到……

噢！人生就是要盡情去感覺，而不是去思考！

O for a life of Sensations rather than of Thoughts!

詩人/約翰．濟慈
John Keats

日期：__/__/__

長官，這場戰役不是只屬於強壯的人，機警、積極和勇敢的人也能上場。

The battle, Sir, is not to the strong alone; it is to the vigilant, the active, the brave.

美國獨立戰爭領袖/派屈克‧亨利
Patrick Henry

我今天在外面打了場勝仗：

日期：__/__/__

大張旗鼓出戰實為勇敢
而我深知，更英勇的是
迎擊內心之敵
那支騎兵隊伍，名為悲痛

To fight aloud is very brave
But gallanter, I know,
Who charge within the bosom
The Cavalry of Woe.

我今天在心裡打了場勝仗：

日期：__/__/__

要活得精彩，不這麼活真是大錯特錯。做什麼都可以，只要你活出自我。如果連自己的人生都無法掌握，那你還擁有什麼呢？

Live all you can; it’s a mistake not to. It doesn’t so much matter what you do in particular, so long as you have your life. If you haven’t had that what have you had?

作家/亨利 · 詹姆斯
Henry James

我今天這樣過……

日期：__/__/__

我還不想死……除非我已經充分發揮才能，培育心田裡的種子。等到最後一根嫩枝抽發出來，我才願意離開。

I do not want to die... until I have faithfully made the most of my talent and cultivated the seed that was placed in me until the last small twig has grown.

我今天培育了……

日期：___/___/___

我知道這樣做是對的：

____

____

____

____

____

[ ] 我做了對的事。

[ ] 我並沒有那樣做。

日期：___/___/___

我知道這樣做是對的：

____

____

____

____

____

[ ] 我做了對的事。

[ ] 我並沒有那樣做。

見義不為，無勇也。

To know what is right and not do it is the worst cowardice.

孔子
Confucius

日期：__/__/__

如果你沒有偶爾失敗一下，就表示你只是在打安全牌。

If you are not failing now and again, it's a sign you're playing it safe.

導演/伍迪·艾倫
Woody Allen

我今天不打安全牌，嚐到了失敗的滋味……

____

____

____

____

日期：__/__/__

要想成功，
就必須把頭
伸進獅嘴裡。

You must put your head into the lion's mouth if the performance is to be a success.

前英國首相/溫斯頓．邱吉爾爵士
Sir Winston Churchill

我今天的獅嘴是：

日期：___/___/___

為什麼不及時行樂呢？多少人的幸福毀於準備？準備太傻了！

Why not seize the pleasure at once? How often is happiness destroyed by preparation, foolish preparation!

小說家/珍．奧斯汀

Jane Austen

我今天及時行樂：

日期：__/__/__

只要追求，就能尋見。不放膽追求，什麼都會溜掉。

Seek and you shall find.
Only that escapes which was never pursued.

今天我追尋……

結果找到了……

日期：__/__/__

今天到戶外探險吧！

- **[ ] 庭院**
- **[ ] 公園**
- **[ ] 鄉間**
- **[ ] 樹林**
- **[ ] 荒野**
- **[ ] 叢林**
- **[ ] 其他：**

日期：__/__/__

隨歲月積累的智慧告訴我：所有經歷，都是某種形式的探險。

In wisdom gathered over time I have found that every experience is a form of exploration.

攝影師/安塞爾・亞當斯
Ansel Adams

我今天……

日期：__/__/__

我今天堅如磐石：

日期：__/__/__

我今天堅如磐石：

風格上呢，
順流而游；
原則上呢，
堅如磐石。

In matters of style, swim with the current.
In matters of principle, stand like a rock.

前美國總統/湯瑪斯．傑佛遜
Thomas Jefferson

日期：__/__/__

讓我們快樂的不是獎品，甚至不是得獎……而是我們投注時間，賣力揮汗，誠實奮鬥。

It is not the prize that can make us happy; it is not even the winning of the prize. . . . [It is] the struggle, the long hot hour of the honest fight.

我今天誠實奮戰：

____

____

____

____

日期：__/__/__

活過今朝、得養天年的人，
必年年在佳節前夕宴請鄰里，
說：「明天就是聖克里斯賓節啦！」
他會捲起衣袖，展示傷疤，
道：「這就是我在聖克里斯賓節受的傷。」
老人家記性不好，但即使忘了一切，
依然會清楚記得這天的英勇事蹟。

He that shall live this day, and see old age,
Will yearly on the vigil feast his neighbors,
And say "tomorrow is Saint Crispian":
Then will he strip his sleeve and show his scars.
And say "These wounds I had on Crispin's day."
Old men forget: yet all shall be forgot,
But he'll remember with advantages
What feats he did that day.

我今天的豐功偉業：

日期：__/__/__

害怕溢出一滴，就會灑出一堆。

Fear to let fall a drop and you spill a lot.

我今天……

日期：__/__/__

我想告訴這個世界：「一起大搖大擺、放聲高唱、盡情吼叫吧！還沒踏入棺材前，別一副要死不活的樣子！就弄濕自己，吵吵鬧鬧玩一回吧！」

My message to the world is "Let's swing, sing, shout, make noise! Let's not mimic death before our time comes! Let's be wet and noisy!"

導演/梅爾．布魯克斯

Mel Brooks

今天我又濕又吵！

日期：__/__/__

我今天為自己造了扇門。

日期：__/__/__

我今天為自己造了扇門。

如果
機會不敲門，
就造
一扇門吧！

If opportunity doesn't knock, build a door.

日期：___/___/___

走出
飲食舒適圈。

想想看你或許可以一試的菜餚，這些菜餚離你的舒適圈多遠？在圖上標出來吧！

這超恐怖的！

心不甘情不願……

樂意一試！

我的舒適圈。

日期：__/__/__

第一個試吃斯蒂爾頓起司還平安無事的人，簡直是個勇者，我們應該在他試吃的地點立一塊光亮的石碑。

There should be a burnished tablet let into the ground on the spot where some courageous man first ate Stilton cheese, and survived.

推理小說家/吉爾伯特・基斯・卻斯特頓
G. K. Chesterton

我今天跨出飲食舒適圈，吃了……

日期：__/__/__

真正的
未拓邊境
就在內心。

Inner space is the real frontier.

作家/葛羅利亞．史坦納姆
Gloria Steinem

今天我向內探求……

日期：__/__/__

一直以來，我都認為自己會贏，從小我就這樣想。如果不這樣，我早就一蹶不振了。我的內心有股農家精神，不屈不撓，比賽完成之前，我都會全力以赴。

I've always seen myself as a winner, even as a kid. If I hadn't, I just might have gone down the drain a couple of times. I've got something inside of me, peasantlike and stubborn, and I'm in it 'til the end of the race.

我今天完成的比賽：

日期：__/__/__

「就這樣做吧！」

今天宇宙給了我一個啟示，我說：「就這樣做吧！」

日期：__/__/__

「還是算了吧!」

今天宇宙給了我一個啟示，我說：「還是算了吧！」

____

____

____

____

____

____

____

____

日期：__/__/__

我今天做了些改變：

日期：__/__/__

我今天做了些改變：

是唯一的恆常。

Nothing endures but change.

日期：＿/＿/＿

緊張能帶給我力量，這對我很有效。如果我停止焦慮，感到安心放鬆，我才會擔心。

Nerves provide me with energy. They work for me. It's when I don't have them, when I feel at ease, that I get worried.

今天緊張幫了我：

______

______

______

我的反應是……

______

______

______

日期：__/__/__

焦慮就是處於「現在」到「然後」之間。

Anxiety is the space between the “now” and the “then.”

英國政治人物/理查．阿貝爾
Richard Abell

我今天……

日期：__/__/__

長字恐懼症：害怕很長的詞彙。

我今天用過最長的詞彙：

我是這樣用它的：

日期：__/__/__

「我很怕那些很難的字眼，」史蒂芬道。「它們弄得大家很不開心。」

I fear those big words, Stephen said, which make us so unhappy.

小說家/詹姆斯．喬伊斯

James Joyce

我不敢用的詞彙：

日期：__/__/__

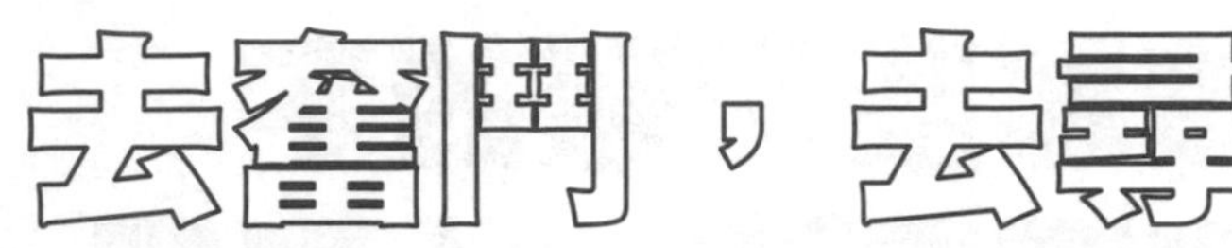

To strive, to seek, to find, and not to yield.

詩人/艾爾福瑞德．丁尼生男爵
Alfred, Lord Tennyson

我今天奮力爭取……

日期：__/__/__

不冒險，
就沒收穫。

Nothing ventured, nothing gained.

今日冒險：

____

____

____

今日收穫：

____

____

____

日期：__/__/__

我今天的白日夢：

結果呢？

日期：__/__/__

我今天的白日夢：

結果呢？

不先作夢，
什麼也不會
發生。

Nothing happens unless first a dream.

日期：__/__/__

或許失敗了會失望，
但如果不嘗試，
就注定會失敗。

You may be disappointed if you fail, but you are doomed if you don't try.

我今天試著……

日期：__/__/__

如果沒人願意冒險，米開朗基羅就會只畫西斯汀大教堂的地板了。

If no one ever took risks, Michaelangelo would have painted the Sistine floor.

劇作家/尼爾．賽門

Neil Simon

我今天放膽冒險……

日期：__/__/__

不要怕失敗，要怕的是不敢嘗試。

Don't be afraid to fail. Be afraid not to try.

我今天試著……

日期：__/__/__

大家以為運動場上才有風險，可惜的是，人生競技場更是充滿危險。

It's too bad that one has to conceive of sports as being the only arena where risks are, [for] all of life is risk exercise.

神職人員/威廉・斯隆・卡分二世
William Sloane Coffin, Jr.

我今天冒了個險……

日期：__/__/__

讓自己更健康吧！

[ ] 掛號看診，聽醫生嘮叨 _____

[ ] 加入健身房會員

[ ] 報名運動課程

[ ] 開始在家規律運動

[ ] 擬定健康飲食計畫

[ ] 減重

[ ] 增重

[ ] 其他：

日期：__/__/__

吃完大餐，
稍做休息；
吃得清淡，
散步一哩。

After dinner, rest a while; after supper, walk a mile.

我今天……

日期：___/___/___

我今天的足跡：

日期：___/___/___

我今天的足跡：

光是坐著，無法在時間的沙灘上留下足跡。

Footprints on the sands of time are not made by sitting down.

日期：__/__/__

「麻煩」只是穿著工作服的「機會」。

Problems are only opportunities in work clothes.

企業家/亨利．約翰．凱撒

Henry J. Kaiser

我今天遇到的麻煩：

日期：___/___/___

只要採取行動，
就沒空害怕。
未知才令人恐懼。

Once men are caught up in an event, they cease to be afraid. Only the unknown frightens men.

小說家/安東尼．聖修伯里

Antoine de Saint-Exupéry

我今天在忙的大事：

____

____

____

____

____

____

日期：__/__/__

不要怕當開拓先鋒，
也不要怕冒險開創新路。

Do not fear to pioneer, to venture down new paths of endeavor.

美國外交官/拉爾夫・強生・本奇

Ralph J. Bunche

我今天走新路線探險：

日期：__/__/__

每個人都有天賦，難得的是跟從天賦走入黑暗的勇氣。

Everyone has talent. What is rare is the courage to follow the talent to the dark place where it leads.

作家/埃麗卡·容
Erica Jong

今天我跟從我的天賦……

日期：__/__/__

今天我抬頭仰望……

日期：__/__/__

今天我抬頭仰望……

汝勿低頭，
抬頭仰望！

Look not thou down but up!

詩人/羅勃特．白朗寧
Robert Browning

日期：___/___/___

愛裡沒有懼怕；愛既完全，就把懼怕除去。

There is no fear in love; but perfect love casts out fear.

約翰一書　4:18

1 John

我今天……

日期：__/__/__

無論發生什麼不幸，我都如此堅信
即使在最悲痛之時，依然如此認定
愛過而失去
好過從沒愛過

I hold it true, whate'er befall;
I feel it, when I sorrow most;
'Tis better to have loved and lost
Than never to have loved at all.

詩人/艾爾福瑞德．丁尼生男爵
Alfred, Lord Tennyson

今天我為愛冒險：

____

____

____

____

____

日期：___/___/___

「好啊！」

面對今天的大冒險，我說：「好啊！」

____

____

____

____

____

____

____

____

____

日期：__/__/__

「不要!」

面對今天的大冒險，我說：「不要！」

日期：__/__/__

今天，我瞭解了……

日期：__/__/__

今天，我瞭解了……

人生無須害怕，只需瞭解。

Nothing in life is to be feared. It is only to be understood.

日期：__/__/__

走出
助人舒適圈。

我今天跨出了助人舒適圈，我……

[ ] 捐助街友

[ ] 捐款給慈善團體

[ ] 到愛心廚房幫忙

[ ] 到庇護所當志工

[ ] 到醫院當志工

[ ] 到學校當志工

[ ] 其他：

日期：__/__/__

日行一善，讓每天圓滿。

Crown every passing day with some good action daily.

今天我做了件好事：

日期：__/__/__

功勞屬於真正站在競技場上的人，他英勇奮戰，臉上沾染塵土、汗水和血污，一再犯錯，一再失敗，畢竟成就必定伴隨錯誤和缺失；然而，在場上努力揮砍的人也是他啊！

The credit belongs to the man who is actually in the arena, whose face is marred by dust and sweat and blood; who strives valiantly; who errs, who comes short again and again, because there is no effort without error and shortcoming; but who does actually strive to do the deeds.

前美國總統/西奧多・羅斯福
Theodore Roosevelt

我今天的競技場：

日期：__/__/__

什麼都不做的人，才不會犯錯。

Only those who do nothing ... make no mistakes.

小說家/喬瑟夫．康拉德
Joseph Conrad

我今天做了……

____

____

____

犯了錯嗎？

____

____

____

日期：__/__/__

工作讓你多焦慮呢？1 到 10 分，請給分。

_____ **找工作**

_____ **保住工作**

_____ **管理工作**

_____ **團隊合作**

_____ **單獨作業**

_____ **管理團隊**

_____ **與老闆相處**

_____ **應付辦公室政治**

_____ **談辦公室戀情**

_____ **對工作心生倦怠**

_____ **沒加薪也沒升遷**

_____ **其他：**

____

____

____

____

____

____

____

日期：__/__/__

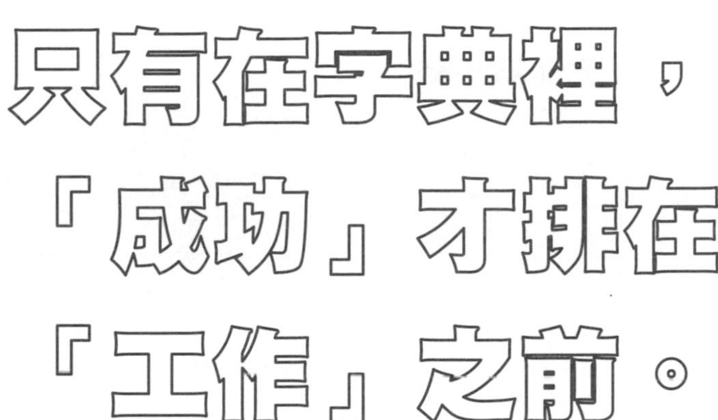

The dictionary is the only place that success comes before work.

今天上班時，我……

日期：__/__/__

我今天這樣過：

日期：__/__/__

我今天這樣過：

人生就是要好好揮霍，不是一味保留。

Life is ours to be spent, not to be saved.

小說家/大衛．赫伯特．勞倫斯
D. H. Lawrence

日期：__/__/__

今天來改變一下！在底下選一個。

[ ] 工作

[ ] 目標

[ ] 朋友

[ ] 對待他人的方式

[ ] 對待自己的方式

我今天……

日期：__/__/__

告訴自己，
你希望成為什麼樣的人，
然後該怎麼做
就怎麼做吧！

First say to yourself what you would be;
and then do what you have to do.

哲學家/愛比克泰德
Epictetus

我希望自己……

____

____

____

我應該要……

____

____

____

日期：__/__/__

電腦恐懼症：
害怕電腦、怕使用電腦。

這些電腦狀況讓我好焦慮……

[ ] **遺失資料**

[ ] **被駭**

[ ] **當機**

[ ] **忘記密碼**

[ ] **收到垃圾郵件**

[ ] **傳播垃圾郵件**

[ ] **嚴重中毒**

[ ] **更新電腦**

[ ] **其他：**

日期：__/__/__

科技這東西……真的很奇怪，一邊送上美好的禮物，一邊從背後捅你一刀。

Technology . . . is a queer thing. It brings you great gifts with one hand, and it stabs you in the back with the other.

小說家/查爾斯．波西．史諾

C. P. Snow

今天科技從背後捅了我一刀……

____

____

____

於是我……

____

____

____

日期：__/__/__

我今天……

日期：__/__/__

我今天……

此時不做，更待何時？

If not now, when?

猶太宗教領袖/希勒爾長老
Hillel the Elder

日期：___/___/___

偉大的品格不是生於無風無浪的人生，也並非源自平和安寧的局勢……險境才能激發出偉大的美德。

It's not in the still calm of life, or in the repose of a pacific station that great characters are formed... . Great necessities call out great virtues.

前美國總統夫人/艾碧蓋爾．亞當斯
Abigail Adams

今天的困境：

____

____

____

我的行動：

____

____

____

日期：__/__/__

人生啊很賤，給他一點顏色瞧瞧吧！

Life's a bitch. You've got to go out and kick ass.

我今天給人生一點顏色瞧瞧……

______

______

______

______

______

______

日期：__/__/__

活著的每一天，我們都在開創自己的命運。

We create our fate every day that we live.

作家/亨利・米勒
Henry Miller

我今天……

日期：__/__/__

用今日
照亮明日！

Light tomorrow with today!

詩人/伊莉莎白．巴瑞特．白朗寧
Elizabeth Barrett Browning

明年我會……

____

____

____

____

____

____

____

日期：__/__/__

這些事再也嚇不倒我了！

每天做一件
你害怕不敢做的事

Do One Thing Every Day That Scares You: A Journal

作　　者／羅比．羅格（Robie Rogge）
戴安．史密斯（Dian Smith）

譯　　者／陳映廷
總 編 輯／汪若蘭
執行編輯／陳思穎
行銷企畫／李雙如
內文構成／賴姵伶
封面設計／賴姵伶

發 行 人／王榮文
出版發行／遠流出版事業股份有限公司
地　　址／臺北市南昌路2段81號6樓
客服電話／02-2392-6899
傳　　真／02-2392-6658
郵　　撥／0189456-1
著作權顧問／蕭雄淋律師

2017年11月30日　初版一刷
原價新台幣／300元

ISBN 978-957-32-8163-4
遠流博識網　http://www.ylib.com
E-mail: ylib@ylib.com

CONCEIVED AND COMPILED
by Dian G. Smith and Robie Rogge
COVER AND INTERIOR DESIGN by Danielle Deschenes

Published in the United States by Potter Style, an imprint of the
Crown Publishing Group, a division of Random House, Inc., New York.

This translation published by arrangement with Potter Style, an imprint of the Crown Publishing Group, a division of Penguin Random House LLC.